B 55 1645

L'ERMITE DE SAINT-CYR

A SES CONCITOYENS DE PARIS

Qui, en votant pour les socialistes, ont cru donner une leçon
au Gouvernement.

AVRIL 1850.

L'ERMITE DE SAINT-CYR

A SES CONCITOYENS DE PARIS.

Permettez à ma vieille expérience, mes chers concitoyens, de vous adresser quelques réflexions bien simples qui me sont venues dans ma retraite ; elles n'ont pas l'attrait de la nouveauté ; mais je crois qu'il n'est pas inutile de vous les rappeler dans ce moment. Au reste, vous en ferez l'usage qu'elles vous paraîtront mériter.

Paris, vous le savez, est la première ville du monde, non-seulement pour les sciences, les arts et les lettres, mais aussi pour l'urbanité, les bonnes manières, le bon goût qu'on chercherait en vain ailleurs au même degré. C'est le faisceau lumineux le plus intense, le plus éclatant qui brille sur les nations ; c'est le centre d'attraction intellectuelle vers lequel doivent naturellement converger les hautes intelligences, tout ce qu'il y a de virtuel en civilisation, en prospérité, en grandeur... Aussi y vient-on des deux Amériques, des

Indes orientales , de Russie , d'Allemagne , d'Angle-
terre , de toutes parts , enfin : les uns pour y jouir de
la splendeur de nos monuments et de nos édifices pu-
blics , de la magnificence de nos spectacles, de nos fêtes
féeries , de nos bals éblouissants d'élégance , des mille
plaisirs variés et toujours renaissants qu'offre Paris en
temps calme. D'autres moins mondains , mais plus sé-
rieux, y viennent fréquenter nos écoles, nos facultés,
nos académies, nos musées, nos bibliothèques, nos
hôpitaux, nos amphithéâtres, pour y puiser des con-
naissances positives et profondes , un enseignement
d'une supériorité reconnue dans toutes les branches
des sciences naturelles ou spéculatives. — Et ces in-
nombrables usines, ces manufactures modèles, ces
fabriques , ces ateliers grandioses, qui peuplent nos
faubourgs et nourrissent Paris. — Et les modes, la
bijouterie , l'orfèvrerie artistiques ; et ces milliers de
produits, de transformations de notre industrie, qu'on
appelle articles de Paris, qui attirent les négociants
étrangers, et qu'on expédie dans toutes les parties du
monde. Ce sont bien-là, n'est-ce pas, mes chers concitoyens, les véritables, les seuls éléments de vie et de
prospérité de notre capitale ? Si vous les suppri-
mez , permettez-moi cette hypothèse , ou si vous les
anéantissez, par une cause quelconque, il est clair
que vous périrez ; — Paris ne sera plus Paris ; on le
fuira ; plus d'étrangers, plus rien. — Mais dans cin-
quante ans, il est possible qu'il soit transformé en
une belle forêt. — Où irez-vous? je ne sais ; car,
remarquez-le, Paris, c'est le cœur de la France, au
point de vue de la prospérité générale. Les départe-

ments lui envoient leurs produits industriels et agricoles, leurs rouenneries, leurs soies, leurs toiles, leurs fers et aciers, leurs marbres statuaires, leurs matériaux de construction, leurs blés, leurs fruits, leurs vins, etc., etc. S'ils étaient obligés de tout consommer dans leurs étroites limites, il est douteux que cela pût leur convenir. Les départements ont donc une large part dans la prospérité de Paris; aussi, dans presque tous, a-t-on vivement éprouvé le contre-coup des dernières élections.

Mais, vous le sentez, les plus directement intéressés, c'est vous; vous fabricants, artistes, ouvriers, industriels, négociants, commerçants, débitants de toutes sortes; vous commissionnaires en marchandises, correspondants de l'univers; vous tous enfin hommes de labeur et d'intelligence, qui composez la plus splendide cité du monde. Aussi, vous vous levez comme un seul homme dès que l'anarchie, qui compromet tout, descend dans la rue et vous menace de ses fourches et de ses torches, comme aux journées des deux mois de juin, de sinistre mémoire.

Eh bien ! par quelle incroyable erreur, par quelle fatalité vous êtes-vous conduits au 10 mars comme si des idées de suicide vous avaient possédés ? Comment se fait-il que cette fois votre instinct de conservation ne vous ait pas préservé du piége grossier tendu à votre bonne foi, à votre loyauté ! « Vous êtes républicains, vous ont dit ces mêmes hommes que vous avez battus aux barricades et bafoués dans leurs clubs; vous êtes républicains, eh bien ! votez pour nous, car les candidats du Gouvernement sont des royalistes; si vous votez pour eux, vous aurez la royauté ; si pour nous, la république *sociale et démocratique.* » Et vous les avez crus ! Et vous, hommes d'ordre, vous avez choisi des hommes de désordre ; vous avez combattu l'émeute, et vous avez nommé un prêcheur de l'émeute ; vous vous êtes moqués des folles utopies des socialistes et des communistes, et vous avez voté pour eux ! Mais, vous le savez bien, leur triomphe, s'il était possible, serait le signal de votre ruine. Ils ont accepté votre concours, mais non vos hommes ; essayez seulement de faire passer l'un des vôtres comme délégué à leur conclave, ils n'en veulent pas.

Vous êtes donc sciemment leurs dupes. Je sais bien que, le moment étant venu, vous vous êtes proposés d'user de représailles : mauvaise comédie, dont vous avez provisoirement fait tous les frais à leur bénéfice. Voyez plutôt ce qui s'est passé depuis le jour néfaste de cette dernière élection : vous les avez grandis en force et en audace, au point d'effrayer encore une fois la France et l'Europe, de porter de nouvelles atteintes au crédit, de ralentir les affaires qui avaient repris de l'activité. Quant à vous, qu'y avez-vous gagné ? Trois représentants qui représentent des principes et des doctrines que vous avez condamnés. A la vérité, plusieurs d'entre vous reconnaissent déjà que tel est le produit de leur déplorable concours ; ils regrettent, mais trop tard, d'avoir été ainsi joués par les plus dangereux ennemis de l'ordre social, et d'avoir cédé à des craintes chimériques. Quant aux électeurs qui ne sont pas encore désabusés, — et c'est à eux surtout que j'adresse cette lettre, — je vais essayer de leur

inspirer le même repentir et de leur faire comprendre
que leur persévérance dans les mêmes errements , à
la prochaine élection , les maintiendrait dans une voie
non-seulement contraire à leurs grands intérêts sociaux,
mais aussi à leur patriotisme , à leur saint amour des
libertés publiques.

Vous avez voulu , dites-vous , donner une leçon au
Gouvernement, c'est-à-dire à la majorité de l'Assem-
blée législative que vous avez nommée, qui est l'expression légale du suffrage universel, la personnification de
la souveraineté du peuple. Vous ne voulez donc plus
de cette souveraineté? Mais vous ne pouvez ni la chan-
ger ni la modifier à votre gré; en elle réside le pou-
voir législatif dans la mesure de la constitution. Le
peuple s'est aussi donné un président chargé du pou-
voir exécutif. Ces deux pouvoirs sont au-dessus des
minorités, à plus forte raison des individualités. Vous
prétendez que la majorité se trompe, que le président
gère mal, que leurs tendances vous paraissent mau-
vaises? dites-le, écrivez-le, éclairez-les, si vous y voyez
plus clair ou plus loin; personne ne vous en empêche,
vous avez toute liberté à cet égard ; mais s'ils ne vous
écoutent pas, s'ils croient que leurs lois et leurs
moyens de gouverner le pays sont seuls propres à
ramener l'ordre, la sécurité et la prospérité, si enfin
vos conseils sont dédaignés, vous avez bien le droit
de dire, pour consoler votre amour-propre, que la
raison est de votre côté; mais vous n'avez pas celui de
vous insurger contre les pouvoirs qui émanent du
suffrage universel, quoi qu'en ait dit M. Michel, de
Bourges, dans son orgueil d'avocat des factieux. Car

en admettant qu'une minorité a le droit de se révolter contre la majorité qui lui déplaît, il n'y aurait pas de gouvernement possible, pas de république, pas même la *sociale* ; ce serait l'anarchie perpétuelle, avec ses déchirements, exercée tantôt par les rouges, tantôt par les communistes ou les démagogues, QUI JOUERAIENT ENTR'EUX AUX TÊTES HUMAINES ET AUX SURVIVANTS LES BIENS!!

En votant avec ces gens-là, qui se placent audacieusement au-dessus des majorités, au-dessus du suffrage universel, qui veulent le renversement des autorités légales, vous vous êtes faits leurs complices; vous n'êtes pas descendus sur la place publique, l'arme au bras, mais vous avez déposé dans l'urne électorale un bulletin INSURRECTIONNEL, — et vous appelez cela une leçon! Une leçon! dites plutôt que vous avez lancé dans l'espace une grosse pierre, et qu'en regardant si elle atteignait votre but, elle vous est retombée sur la tête, — et votre sang a coulé, — et votre sang coule encore! Oui, votre fluide vital s'épuise dès que la puissance commerciale et industrielle de Paris s'affaiblit, attaquée par vous-mêmes. Vous le savez, des commandes considérables faites à nos manufactures, à nos fabriques, à des carrossiers, à des entrepreneurs, à des fournisseurs, ont été retirées; et le travail a manqué à des milliers d'ouvriers. Vous savez aussi, car vos livres le constatent, que les ventes, les transactions ont été presque nulles depuis votre funeste triomphe électoral; que plus de cent millions ont été retirés de la circulation et placés à l'étranger, où ils ont été chercher des garanties que vous avez cessé de leur offrir.

Vous attribuez ce ralentissement, ce retrait des affaires à la panique des réactionnaires. Eh ! oui, sans doute, c'est la peur qu'éprouvent non-seulement ceux que vous appelez réactionnaires, mais tous les hommes d'ordre, tous les républicains qui veulent une république de paix, de justice et d'humanité, et non une république de septembriseurs et de *loups*...

Pauvres agneaux, bourgeois de Paris, comme ils vous dévoreraient à belles dents ! C'est votre coalition, votre pacte avec ces dieux infernaux de la démagogie qui a d'abord effrayé beaucoup d'honnêtes gens et porté une rude atteinte au crédit de Paris, où sans crédit pas d'affaires, et sans affaires la mort.

Ne croyez pas cependant, chers concitoyens, que je veuille exagérer ici l'effet général de votre erreur électorale. Non, la France en a gémi, elle a eu des craintes, de fâcheux retentissements ; mais il doit vous paraître évident que le plus grand mal est pour vous, comme je vous l'ai déjà dit ; car, en définitive, dix départements, mieux inspirés, ont mieux voté que vous. C'est que leur bon sens n'avait sans doute pas été faussé par les clubs, par ces écoles d'anarchie et d'extravagantes impossibilités.

Que ne vous y a-t-on pas débité contre ce qu'il y a de plus sacré dans l'opinion de tous les peuples ? Je sais bien que Mᵉ Crémieux disait l'autre jour, du haut de la tribune, qu'il repoussait, lui aussi, ces socialistes et ces communistes *dont on parle*... Pourquoi donc se mêle-t-il à eux ? pourquoi est-il leur délégué au conclave ? Pourquoi ? tout le monde le sait, parce que tout le monde connaît Mᵉ Crémieux... Soyez plus conséquents, puisque vous n'ambitionnez pas de porte-feuilles, ne votez plus pour ces trompeurs, pour ces charlatans ou ces fous. Ils veulent de la liberté , de la fraternité, tout juste ce qu'il leur en faudrait pour s'emparer de vos biens, de vos femmes, de vos filles. Est-ce qu'ils ne l'ont pas vociféré dans leurs clubs ? Est-ce qu'ils ne s'en vantent pas publiquement ? Ne l'avez vous pas entendu de leur bouche impure ?

Ah ! vous croyez, simples que vous êtes, qu'ils veulent la véritable république, celle qui garantit la famille, la propriété et les libertés publiques ? Mais ils n'en veulent pas du tout ; la leur, c'est-à-dire l'anarchie, est de droit naturel, sans président ; ils la placent au-dessus du suffrage universel. — La nôtre, ils la mettent au-dessous. — En sorte que si l'expression générale des votes est pour nous, ils la contestent ; si elle nous était contraire, ils l'accepteraient. — Et cette contradiction grossière et niaise a pu faire des dupes ! heureusement que ces aberrations ne sont encore qu'à l'état de théorie : c'est l'*idée*, et l'*idée* c'est le mot cabalistique de certains faiseurs de romans, plus ou moins socialistes ou communistes. Ils attendent, ils espèrent la réalisation de l'*idée*, non d'édification, mais de destruction, de dissolution universelle ; ils ne se mettront à l'œuvre de regénération que lorsqu'ils auront fait table rase et déblayé le terrain des vieilles institutions sociales ; jusque-là leur *sainte mission*, leur but *humanitaire* est de démolir. Ils veulent tous une démolition générale ; ils sont tous d'accord là-dessus. Mais ils ne s'entendent nullement pour la reconstruction de l'édifice ; et comme chacune des dix

ou douze utopies à ses plans et ses devis estimatifs,
on commencera par se disputer et l'on finira par se
battre, par s'égorger. Heureux temps ! — que cependant dans notre amour fraternel nous ne souhaitons
pas. Ils s'entendent tous aussi pour l'absorption de
l'individu par l'État, et conséquemment la suppres-
sion de toutes libertés personnelles ; il n'y aurait de
libre que les Marat ou les Robespierre, pour le plus
grand bien, la plus grande gloire de tous. L'État,
composé de ses grands inquisiteurs, réaliserait l'*idée*,
et dirait à celui qui n'a rien : Toi prolétaire, tu as
droit à une portion du globe; toi, pauvre, tu dois être
riche. — Mais puisqu'il n'y aurait qu'un propriétaire:
l'État, — Riche de quoi? Et les besoins de cet État
Gargantua ! Lorsqu'ils seraient satisfaits, le peuple aurait les restes. — On devine ce que les Grandgousiers
de la *sociale* lui laisseraient ! c'est fou, archi-fou. —
Mais c'est là précisément ce qui séduit les imbéciles
et les ignorants. Si c'était raisonnable et possible, ils
n'y croiraient pas.

Mais qu'ai-je besoin de vous rappeler ces folies?
vous n'en craignez pas plus que moi l'application
finale, et vous savez bien que les divers systèmes de
communisme et de socialisme portent en eux-mêmes
le germe de leur dissolution. Les malins de cette nou-
velle espèce de bande noire le savent tout aussi bien
que nous; s'ils poussent à la démolition c'est unique-
ment pour s'en approprier les débris; mais un seul
jour de leur triomphe, même incomplet causerait des
maux incalculables; l'expérience est déjà faite. Aussi
voyez comme ils battent tout en brèche, comme ils

cherchent à tromper les soldats, à corrompre l'armée, à miner les fondements, les bases de notre ordre social.

Non, non, ne les croyez pas ; ce n'est pas contre la propriété qu'ils crient, c'est contre les propriétaires, contre ceux qui possèdent ; ce n'est pas les richesses qu'ils proscrivent, ce sont les riches pour se mettre à leur place. Ils ne veulent pas de Présidence, mais ils accepteraient pour eux la dictature. Ils combattent toutes les lois, toutes les mesures de police qui doivent assurer l'ordre, parce qu'elles paralysent leurs projets de révolte ; ils repoussent les lois de finances, protestent contre les impôts et proposent de nouvelles charges à l'État, dont la conséquence forcée serait la banqueroute, et cherchent ainsi à se donner des airs de popularité.

Est-ce que toutes ces roueries ne vous sont pas connues, chers concitoyens ? Il en est une pourtant à laquelle vous pourriez vous laisser prendre, par philanthropie et par une apparence de justice humanitaire. C'est leurs clameurs contre le luxe et les superfluités. Je vous demande la permission de terminer cette lettre par quelques mots sur ce sujet, qui vous intéresse au plus haut degré.

N'écoutant d'abord que leurs sentiments d'humanité, beaucoup d'entre vous ont fait chorus avec les communistes. Le luxe les scandalise, ils s'indignent contre le faste et les superfluités, tandis que des milliers d'hommes, de pères de familles manquent du nécessaire...

Nobles cœurs ! esprits généreux et fraternels ! moi aussi, j'ai pensé comme vous, — quand j'étais jeune, quand je n'entendais rien au mécanisme social. J'ai déclamé contre nos grandes dames, contre leurs faquins de maris, et la fatuité de leurs fils; contre ce que j'appelais alors le débordement de nos mœurs, le commencement de notre décadence, et j'ai célébré par antithèse l'austérité rustique des Spartiates et des Romains, et la simplicité domestique de leurs femmes. Mais hélas! j'ai vieilli; le temps est venu; avec lui l'expérience, la réflexion... et mes illusions du jeune âge ont dû céder la place aux faits, aux raisonnements, à la recherche des causes réelles de bonheur et de prospérité pour les nations, à la comparaison des nécessités imposées par les temps et les degrés d'évolution de l'esprit humain; et je me suis moqué de la manie de ces rénovateurs rétrospectifs, de ces esprits faux, qui voudraient nous reporter aux temps primitifs, nous faire reculer de deux mille ans, et nous imposer, *à nous*, des mœurs pastorales ou d'anthropophages. — Mais il n'est question ici que du luxe, et il me sera facile de prouver — à ceux qui ont besoin de cette preuve, — que non-seulement ce n'est pas un vice social, comme le prétendent les communistes, mais qu'il est une nécessité de la plus haute importance.

En effet, que serait Paris, que serait la France sans luxe? Le luxe emploie et fait vivre des millions d'ouvriers, de commerçants, de négociants. Cette pendule, ces bijoux, ces pierreries si bien montés, cette belle dentelle, ce magnifique châle, ces bronzes, ces mille riens de fantaisie ou de mode, combien de bras n'ont-ils pas occupés? par combien de mains n'ont-ils pas passé? Ces chevaux fins, ces mérinos, ces chèvres du Thibet, ces beaux équipages, demandez aux éleveurs, aux palefreniers, aux pâtres, aux carrossiers, selliers, cochers, de ne plus en faire ; aux modistes de confectionner des blouses ou des tuniques gauloises ; aux fleuristes d'aller garder les vaches.... Les musiciens, les peintres, les acteurs, danseurs, chanteurs, à quoi bon tout cela ? Est-ce qu'il n'y a pas des terres à défricher en France ? Qu'ils aillent dans les Landes ou bien en Californie chercher de l'or pour doter les Banques du peuple, ou bien encore rejoindre en Icarie le père Cabet, qui leur fera manger des omelettes d'œufs de serpents, pour l'ordinaire, et les *décadis*, des gigots de chacal....

Le luxe occupe donc des milliers d'ouvriers ; loin d'être une cause de misère pour le peuple, il lui donne du travail et du pain, et il est en même temps le thermomètre de la prospérité, de la grandeur des États. Cette double vérité est incontestable ; et ceux-là mêmes qui le blâment aujourd'hui, au moins leurs chefs, l'ont reconnue, glorifiée, pratiquée. Ils ont donné des fêtes magnifiques ; on se souvient des bals de la Présidence, sous le gouvernement provisoire, des orgies de la Préfecture de police improvisées par l'honorable citoyen Caussidière, des parties fines à Trianon, à Chantilly, au Luxembourg ; des ameublements somptueux du Garde-Meuble, transportés dans les ministères ; des chevaux et des voitures des écuries royales dont ils se sont servis avec ostentation. — Et quel candidat viennent-ils de désigner ? le plus fastueux des romanciers, y compris Alexandre Dumas.

Leur mot d'ordre pour déclamer dans les clubs

contre le luxe et le faste n'est donc encore qu'une
rouerie à l'adresse des niais, — qui croient à la possi-
bilité d'un bien-être universel sans exception. —
Eh! qui ne le souhaiterait, ce bonheur universel?
Mais hélas! il faut le reconnaître. Il y a des na-
tures réfractaires contre lesquelles les utopistes,
les philanthropes, sincères ou charlatans, échoue-
ront toujours, parce qu'elles sont inhérentes à la
faiblesse humaine : la paresse, l'intempérance, le
désordre, la prodigalité, l'ivrognerie, l'ineptie et tant
d'autres vices ou incapacités radicales perpétueront à
tout jamais la pauvreté, la misère parmi les indivi-
dus qui sont affligés de ces défectuosités organiques; le
salaire également réparti, comme le proposait Louis
Blanc, les libéralités, l'assistance, la charité même
n'y feraient absolument rien. — Ce serait vouloir rem-
plir le tonneau des Danaïdes.

Il faut donc prendre douloureusement son parti sur
cette infirmité sociale, sans remède radical. Faire croire
le contraire, c'est tromper; c'est faire du charlatanisme
des plus dangereux. Ne pouvant guérir entièrement le
mal, il faut s'appliquer sans relâche et efficacement à l'at-
ténuer, à le circonscrire, en diminuant, en soulageant
les misères et les souffrances du peuple, non par des
promesses chimériques, mais par des actes, par des
institutions et des lois de bonne économie sociale et de
véritable fraternité.

Eh bien! mes chers concitoyens, c'est ce que veut
faire, ce que fera notre jeune République, si tous les
honnêtes gens lui apportent leur concours. Les communistes et les socialistes démagogues ont juré sa perte

et rêvé l'impossible ou l'atroce. Séparez-vous d'eux ;
la question est vitale pour vos industries. Venez à nous
et votons tous comme solidaires de l'ordre, pour le
candidat dont l'héroïque patriotisme égale les plus
beaux traits de l'antiquité ; votons pour **M. LECLERC**;
car son choix sera la glorification de l'honneur, de
l'ordre et du courage.

Saint-Cyr-sur-Loire, le 21 avril 1850.

Tours , imprimerie Ladevèze.